AF493097

* 9 7 8 9 9 4 8 7 6 7 0 9 1 *

عزلةٌ مثقوبةٌ

محمد الحبيب يونس

عزلةٌ مثقوبةٌ

شعر

إصدارات دائرة الثقافة، حكومة الشارقة 2024 م

الناشر: دائرة الثقافة ـ حكومة الشارقة ـ الإمارات العربية المتحدة

الهاتف: 5123333 6 971+

البرَّاق: 5123303 6 971+

الموقع الإليكتروني: www.sdc.gov.ae

البريد الإليكتروني: sdc@sdc.gov.ae

____

811.9624

ي م. ع

يونس ، محمد الحبيب

عزلة منقوبة / محمد الحبيب يونس.ـالشارقة، الإمارات العربية المتحدة : دائرة الثقافة، 2024.

132 ص؛ 21X14 سم.

1 ـ الشعر العربي ـ السودان ـ دواوين وقصائد

أ ـ العنوان

ISBN:978-9948-767-09-1

جرحٌ مضيء

أهدتْـهُ بيتاً مـن حريرٍ قلْبَها
إذ جـاءَ يجلـو للبريَّـة درْبَها

تبـدو لـه قمراً بحجمٍ سهـادِهِ
فتنيـر وحشـتَهُ وتقتـلُ ذئْبَها

ينـأى ونبـلُ الشـكِّ في أهدابِها
تُرْمَـى وتُسـكِنُها المخافـةُ جُبَّها

ويعـود كالبـابِ الوحيدِ لعُزلـةٍ
في ليلـةٍ لا بـدرَ يمحـو رَيْبَها

يأتـي فَتَرعَـى قلبَهـا في حُسـنِهِ
وبمـاء بسـمتِهِ تُوَضِّـئُ هُدْبَهـا

هـي كوثـرُ الفقـراءِ أمّهُـمُ التـي
خابـتْ قريـشٌ أن تجفِّـفَ حُبَّهـا

مرّتْ عجافٌ... وهي أخضرُ نخلةٍ
في الحـبِّ طاعنـة تقاتـلُ جدْبَها

جـادتْ قوافلُهـا امتـدادَ حنانِها
إذ أعطـتِ الدنيـا لتكسـبَ ربّها

كانـتْ لـها فـي المسـلمينَ أمومةٌ
ضربتْ خيامـاً في الهواجرِ ثَوْبَها

هي أطولُ الأشـجارِ فـي تاريخِنا
كلٌّ تَفَيَّـأَ فـي الحكايـا قلْبَها

صدرٌ إذا رمتِ السماءُ سـهامَها
يبـدو ويحمـلُ للبريَّـةِ ذَنْبَها

هي لوحةُ الحُبِّ الرحيبِ.. إطارُها
مِنْ كلِّ بـردٍ كان يحفظُ صحبَها

في سـورةِ الإنسـانِ ذُقْتُ غبوقَها

فبـأي   آلاءٍ   سأشـرحُ   كَوْبَهـا

أعْطِـيْ كلامـي منك أجنحـةً بها

تجتـاز خيـلُ الشـاعريّة حُجْبَها

وهَبِي القصيـدةَ من نداكِ فصاحةً

لتُنـادمَ اللغـةُ النفورةُ صَبَّها

قسـتِ الحياةُ علـى غريبٍ لا يني

يمحـو بسـيرتِكِ النضيـرةِ كرْبَها

في غُربـةِ المعنى شـهقتِ مآذناً
أجلتُ عن الطرق العذارى رُعْبَها

لخديجـةٍ كان الحجـاءُ يَقِلُّنـي
كسـفينةٍ بيضـاءَ ترسو قربهـا

يُحكـى.. فتجتابُ النعاسَ سحـابةٌ
تَجْـرِي حليبـاً كان يرسـمُ قلْبَها

مجروحـةً بالآخريــنَ تقـولُ لي:
دمـعُ الأمومـةِ ليـس يغفرُ ذنْبَها

النجمـةُ الأولـى التـي لا تقتفي
مـن بعدِهـا النجمـاتُ إلا درْبَهـا

جَمَعَتْ من القـرآنِ زهرَ خصالِها
وروتْ من السُّـنَنِ المضيئـةِ لُبّها

لن يرسـلَ التاريـخُ مثـلَ غمامةٍ
لا تَفْتَـأ الأيـامُ تُحْصِـي عُقْبَها

رحلتْ عـن المختارِ مثـلَ حقيقةٍ
لــم ترحـلِ الأحـداقُ إلا صَوْبَها

لم يصدأِ الحُــبُّ القديـمُ.. فَدَمْعُهُ
يجلو عـن الحِجَجِ العتيقةِ شَـوْبَها

تركتْ بياضـاً في الحيـاةِ وفجوةً
فـي قَلْبِـه لا شـيءَ يَمْـلأُ ثُقْبَها

م2021

تيهٌ ومئذنةٌ

يَجُرُّ دمعيَ تاريخـيْ على هُدُبـي
فالليـلُ مركبـةٌ فضفاضـةُ الصخبِ

لـم يُسدلِ النـومُ في عينـيّ مخملَهُ
إلا تشمستِ حـدَّ الحـزنِ في حِقَبي

فكلمـا أحْكَـمَ النسـيانُ غُرفتَـهُ
فضحـتِ كالريحِ مِـنْ شـباكِه كَذِبي

قـد كان قبلَـكِ عُمْـري دونَ مئذنـةٍ
لا نجمَ في دربِـهِ المكتـظِ بالرّيَبِ

إذ حيـث قلبي ـ ولـم تفتحْ يـدُ امرأةٍ
سِـفْرَ الحيـاةِ لـه ـ سِـفْرٌ بغيـر نبي

بغيـر حـواءَ والأحـزانُ فارغـةٌ
من أهلها صُغْتُ مأساةً من الخشـبِ

حتـى وجدتُ التـي لـولا ترقُبُها
لم أرعَ في الأفق قطعاناً من السُّـحبِ

شَكَوتُ أعصِفُ في أعماقها شـجراً
فاهتـزَّ تحنانُهـا جذعـاً بـلا رطـبِ

بكيـتُ والصـوتُ لـم يرسِمْ تلهُبُهُ
لـونَ الفواجـعِ فـي أيامـيَ الخِـرَبِ

عينــاكِ أوسـعُ أم جرحانِ في لغتي

إذ يرويــان السـما عن ناظـرٍ عربي

جريئتــانِ فــلا أطفالُهـا انطفـأت

تلاحقــانِ نسـاءَ الأمـسِ في هُدُبي

تُلامِسـانِ حـرورَ الرملِ في خُلُقي

وتَسْـمَعانِ صـلاةَ النخـلِ في نَسَبِي

هُزّي سـنيني التـي جفّتْ مواسمُها

تُضيءُ كفاكِ ما في العمر من عنبِ

فالحب يُوغِلُ في الإنسـان مسـرجةً

تُنيـرُ في آخـرِ الإنسـانِ روحَ نبي

مررتِ فانكسـرتْ في الصمت نافذةٌ

وكاد يجرفنـي مـوجٌ مـن الطَّـرَبِ

فكيـف تَحْتَمِـلُ الأنفـاسُ يـا لهبـاً

مـن الأنوثـة، والأنفاسُ مـن قصبِ

أنَّـى أُجسـدُ بالإيقـاع مِشـيتَها؟

وكيف يُرسـمُ وجهُ الشـمسِ بالذهبِ؟

تقـول: لـن يبلـغ التأويـلُ فـيّ شــذاً
فصندلـي بعـدُ لـم يُفتَحْ علـى اللهبِ

فارجعْ عصافيرَ عينيكَ التي نَهَشَتْ
لأنَّ فـي جسـدي الأثمــارَ لـم تطبِ

هيــا لنبلـغَ مـن أجسـادنا وطنــاً
بالحسِّ نجلو فضــاءَ الروح، فاقتربي

كالبحـر تستنسخُ الآبــادَ ليلتُنـا
وتقـرأ الليـلَ فينـا فضـةُ التعـبِ

2019م

عسلٌ سائلٌ من (أُحبُّك)

قال ليْ: الكلماتُ لها عسلٌ قابلٌ للنفادِ

(أحبُّك) في أول الأمرِ

ذابتْ على الصدر خمراً مثلجةً باردةْ

نحن نغرف خمرَ (أحبُّك) كأساً فكأساً

ونغسلُ أيامَنا من خطى الناسِ

نشربُ نسقي الغريباتِ منها قليلا

***

هكذا ظلَّ حوضُ (أحبُّك)

يرتادُهُ الناسُ من كل صيفٍ يجيئونهُ

يشربون ويسقون أحبابَهم

يغسلون هنالك أرواحَهم

في (أحبُّك) حتى تضيءَ،

(أحبُّك) تسكرُ، تكسرُ

ظهرَ المُحِبِّ الجَحُوذْ

***

بعد حينٍ تغيّر لونُ الكلام

تغيّرَ من سرعة الركض خلف الحياةْ

حيث جففه العابرونَ، ولَوَّثَهُ الدمُّ والغلُّ

حتى الأغاني تساقطت أوراقها

من صقيعٍ أصاب الوطنْ

كلُّ شيء تغيّرَ إلا (أحبُّك) ظلتْ

على حالها بضةً حلوةً

لم يجفف ينابيعَها الواردونَ

(أحبُّك) لو كتموها يضوع شذاها

وإنْ قيدوها تَصِرْ مثل وحشٍ يهزُّ دواخلنا فَنْهَدُّ

تشفُّ (أحبُّك) عن روح صاحبها

عن شذا نفسه حين يحرقنا الحبُّ حتى نضوعْ

لا تقولي (أحبُّك) لهواً؛ لأن نبيذَ (أحبُّك)

يُسكر حتى وإنْ كان مغشوشْ.

2022م

ذاكرة الأجنحة الجريحة

من ذا سيقرؤوني

والغيب مرآتي

ما فيه يلمعُ برقٌ غير من ذاتي

أنا الذي خارج الأسماءِ

موطنُه

فلستُ أَسْكُنُ إلا في انزياحاتي

يضيق عن جبتي

تاريخُ مَن قرؤوا...

تسدُّ أحجيتي شمسَ المجازات

تشعُّ خاطراتي في كل خافية

وفي الغياب لها كلُّ المناراتِ

يسافر الشعرُ

فانوساً على جسدي

كشفاً وشطحاً يناجي ليلَ مأساتي

لا تسكب الماءَ ألا دهشةٌ جرحتْ

صمتي

فتورقُ أرضُ الأبجدياتِ

أسير مثل يسوعٍ مدَّ ما اتسعتْ

لي الحروفُ

حزين الانعكاساتِ

أُعيدُ مَن جعلوا

من دمعتي وطناً

يجرُّني نورُهم قبلَ البداياتِ

يسافرُ الحبرُ فيهم

كيف يرسمهم

ودونهم ينتهي حبرُ الخيالاتِ

خلف السؤالِ تواروا

كي تلاحقَهم

نبوءتي من ثغورِ الاحتمالاتِ

يرخونَ فيَّ سماءً ملءَ أنجمِهم

فيحتسي نورَهم

ثغرُ المجازاتِ

كانوا لنبضيَ نبضاً

لا بديل له

فاسمي يُضيءُ بهم في غُربةِ الذاتِ

هم منهمُ أصبح التاريخُ

إذ حملوا

حتى الفناء شموساً فوق مأساةِ

تجري

على صحفِ التاريخِ أدمعُهم

منيرةً في عصورِ الانطفاءاتِ

في ليلِ أيوبَ

قد حنتْ مكانتُهم

إلى شموعِ يسوعٍ في السماواتِ

هم رقيةٌ من غبارٍ

صوتُ ثائرةٍ

تصيحُ: يا خيبراً يا ملحَ آهاتي

صياحُها غَرِقٌ في صوتِ قنبلةٍ

ودمعُها وردةٌ فوق الجنازاتِ

مرآةُ أيامِها

ضاقتْ برؤيتِها

لذلك اقتبستْ وعيَ الفراشاتِ

تُخفي عن الليل

شمساً في أناملها

تنيرُ خيمتَها رغم الجراحاتِ

في هامشِ النهرِ نهرٌ

عاد ممتلئاً

بالنازفين على حدِّ البطولاتِ

الداخلين فؤادَ الأرضِ

إن وجدوا

على جوارحِها موتَ الهُوياتِ

غنوا على الوترِ المخفيّ

أغنيةً

إيقاعها واسعٌ من كل مرآةِ

متى تُفَجِّرُ أصواتاً حناجرُنا

تُملي بطولتَنا

في صفحة الآتي؟

فليخلعِ الصمتَ صوتُ الضادِ

ـ معذرةً ـ يا نائمين

على دفءِ الحكاياتِ

2016م

عزلة مثقوبة

قلبي وراءَكِ أُغْـلِـقـتْ أبـوابُـهُ
فهِـنَّ كَعْبَـكِ علّـني أَجْتابُـهُ

عـودي إلـى صممت النبيِّ سحابةً
كـي يسـتظلَّ بصوتِـهِ أحبابُهُ

غـادرتِ من لغتي فصِـرتُ كمرسلٍ
لـم يبـنِ كوخـاً للجيـاع خطابُـهُ

الـبـيـتُ صـاـادرتِ النـوافـذُ ظلّـه
وعلـى العـراءِ تفتحـتْ أبوابُـهُ

واستنشقتْ رئـــةُ البـعيدِ ربـيـعَه
وتنفستْ روحَ الشِّـتا أعتابُـه

خَـرُسَــتْ بـه لغـةُ الـحيـاةِ وثـرثرتْ
في صمتِه الفوضى وضجَّ خرابُه

فالصبـحُ كـالـمـرآةِ يجلو غربتي
كيف استباحتْ غرفتي أهدابُه:

كُـتُـبٌ بـلا خيـلٍ تـغيـبُ بـقارئٍ
وعناكبٌ ومُسَـكَّنٌ وعُصابُـه

لا هدهدٌ عرّى بعيداً لا المدى
تجلو سماءَ الغائبينَ قبائبُهُ

سرقتْ خطى عمري الضفافُ فلم يصلْ
إلا ويُمعنُ في الإيـاب ذهابُـهُ

مُذْ غِبتِ غابَ الجِنُّ في شِعْري وما التمعتْ
بـليـلِ المستحيلِ حِـرابُـهُ

لـيـلٌ.. ولا حـواءَ تُشْعِـلُـني ولا
خمـرٌ يضـيءُ اللامكانَ شـرابُهُ

لا جسمُكِ المـرآةُ.. يَكْشِفُ في دمي
مُـدُنَ العـذابِ فيحتسيكِ عذابُـهُ

فتَـرَقُّبـي شـبـاكُ أرمـلـةٍ بـها
ليـلُ الشـتـاءِ حنينُـه، وذئابُـهُ

إذ تَسْـألُ الـجـدرانَ... تنطق صورةٌ
يكفـي الغناءَ على الزمانِ سـرابُهُ

لا جسـمَ يُـغـري الأغـنـيـاتِ بمائه
ليَمُـرَّ في صمت النبـيِّ شِـهَابُهُ

فبقيتُ تنقُصُني الحياةُ كعاشقٍ
سرقوا ضجيجَ حياتِه غُيّابُه

في الشَّكِّ مُنْطَفِئاً كلَحْظةِ شاعرٍ
لـم تلتقطْ وقعَ الندى أعْصابُه

أمسَّ به الكلماتُ تنضحُ بالشذا
مــا أرهجتْ رملَ الحنيـن كعابُه

يــا قصةً خضـراءَ أيُّ مـؤرخٍ
سيَطُوفُ في حَلَبٍ بنـا إطنابُه؟

بنتُ متى جلستْ تَدَفَّقَ مخملٌ
من حولِها والجوُّ لَانَ خِطابُهُ

شرقاً تسيرُ بشهريارَ فهمسُها
يبني أَخاديدَ الغيابِ سحابُهُ

ينثالُ تاريخُ الشعوبِ بصوتها
خيلاً كأنَّ خيالَها أكوابُهُ

كاللون ينسكبُ الحوارُ جداولاً
لِيُضيءَ نرجسَ ليلِنا تِسْكَابُهُ

كي لا يجفَّ الماءُ في كلماتِنا
قولي ليسطعَ في الكلامِ حَبَابُهُ

الآن أذهـــبُ فـي الــدروب كـعـابـرٍ
تجتـرُّ ذاكـرةَ البخـورِ ثيابُـهُ

كـم مـنـزلاً في الحلم مـلءَ حضورِها
بمُنَبِّهٍ قـدْ طُيِّـرَتْ أبوابُـهُ

فـإلـيَّ أسْـقُـطُ مِـنْ منامي مُفْـلِتاً
منـي زمانـاً من شـذاً أحقابُـهُ

أصـحـو وقـد شُـجَّ الـمـنـامُ برنـةٍ
ومضـى يُطَنْطِنُ في المزاج ذُبابُـهُ

هـي رنـــةٌ مشـحـونـةٌ بـحـكـايـةٍ
تكفـي لتعوي في الغريـبِ ذئابُـهُ

2019م

تحت نظّارة الأغنية

بعينِ النبيِّ: الخريفُ كقلبِ المغني

كثيفُ الظلالِ التي قد تقولُ

وقد لا تقولُ، الخريفُ دموعٌ تُوضِّئُ حُزنَ الترابِ وما

خلفتْه الخيولُ على الشعر والذكرياتِ

فتبتسمُ الأرضُ حقلاً فحقلاً

عميقاً من الملح يُوْغِلُ

في الأرضِ والجرحِ والأغنياتِ

الخريفُ كصوت النّبيِّينَ

يرسم وجهَ الإلهِ بفضةِ نهرٍ وخضرةِ حقلٍ

على خاطرِ الأرضِ والكائناتِ

شفيفٌ هو الصيفُ

عارٍ سوى من غمامٍ

يَمرُّ كأي شريطٍ من الذكرياتْ

ففي الصيفِ شمسٌ،

نهارٌ طويلُ المدى لا يُعَرّي الشّعور،

شفيفٌ هو الصيفُ

لكن عصيٌّ على المدحِ والأغنياتْ

وأنَّ الشتاء ضبابُ المعاني

وحظُّ الأغاني وقوسُ الأماني

الذي لا يَسحُّ، الشتاءُ أشد حياءً وسريةً

لا يحبُّ الفضول

في الشّتاءِ تظلُّ جميعُ الورودِ عذارى

سوى الكلماتِ

وكان الربيعُ أقل حياءً يُعرّي بناتَ الطبيعةِ

يفتضُّ أسرارَها روضةٌ روضةٌ

يتسربُ نعناعُه للقصائدِ

نهراً جميلاً يُعيدُ الحياةْ.

2017م

وللزهر خاطرة لم يَسعْها العبير

على عتباتِ صباحٍ هطيلِ الرؤى والضياءْ

لقد كان للشّعرِ بوابتانِ إلى عالمٍ من حريرِ الأماني

وعيناكِ كانتْ تبثانِ في عمريَ الكهرباءْ

وتبتكرانِ خريفاً نديّاً من الكلماتِ

لأرسمَ لائحةً للحياةِ برعشة عشبٍ وماءْ

هنا الوردُ يهمسُ ملءَ الأغاني

هنا النيلُ خيطُ موسيقى ورجعُ كمانِ

يمدُّ الصباحُ أناملَ ضوءٍ

تُنقي خيال الأغاني من الأمس ظلاً فظلاً

فلا امرأةٌ غيرك الآن

أقرأ في راحتيها كتابَ الحياة

لقيتُكِ أنقى من الحزنِ والأغنياتْ

فتاةً تُعيرُ اللياليَ بدراً

وتمحو ظلالَ الذئاب من العمرِ،

تمحو الندوبَ التي حفرتها

رماحُ القبائل في القلبِ والذاكرةْ:

نجوز سنيناً من الدّمِ والظلماتِ إلينا

ونغسلُ بالحبِّ أحزانَنا الغابرةْ

فتاة تلملمُ ما هشَّمتْهُ

من الروحِ والقافيةْ يدُ الذكرياتِ؛

وتعبر ذاكرتي غيمةً حافيةْ

***

أيا ظبيتي لا أقول:

كهذي الحياةِ الجميلةِ عيناكِ

لكنْ كعينيكِ هذي الحياةْ

كما يَتَدَلّى السّماءُ الكثيفُ الدعاءِ

ربيعاً على السائلينْ

تنزلتِ فصلاً هطيلَ الحنينْ

فلا تشبهينَ الإناث اللواتي

صقلنَ مخالبَهنَ على القلبِ

حيث جروحي ظلالٌ لنرجسهن

وغادرنَ خلف السنينْ

فذا العمرُ ــ لولا انسكابُكِ ــ نهرٌ

يكاد يجفُّ من العابرينْ

***

بكاؤُكِ عاصفةٌ من جليدٍ تُعري حطامَ البسالةُ

فعيناكِ تستنبطانِ المناديلَ منْ كبريائي بدمع الغزالةُ

تَمُرّينَ في شارعِ الحيِّ فضفاضة الروحِ والزيِّ

ينسابُ من حولِك العطرُ ينزاحُ منكِ انزياحَ الغديرِ

إلى خارج الدربِ والقافيةُ

أحبُّكِ إذ تضحكينَ وماءُ البراءةِ في ناظريكِ

يَشعُّ بما لا يَذوبُ من الثلجِ فيكِ

فإذ تضحكينَ أكاد أُضيءُ المدائنَ فيكِ

وأبصرُ كم زهرة في هواك الدفينِ

تفوح على ما تَفتّحَ في وجنتيكِ من الياسمينِ

أكادُ أراكِ إذا تضحكين

أحبُّكِ بنتاً حليبيَّةَ البوحِ والجسمِ

بَرّاقةَ الاسمِ تَعْبُرُ تعبرُ ليلَ حكايا الغرامِ

أحبُّكِ شفافةَ النفسِ تجري ملامحُها في الكلامِ

أحبُّك ضوئيةَ الحسِّ تَسمَعُ ما يَتَكَسَّرُ في داخلي من جرارٍ

وتُصْغي إلى ما يُطقطقُ

في النفسِ من قصبٍ خلفَ هذا السكونِ المواري

أحبُّكِ حيثُ حياؤك وَرْدٌ يخافُ نهارَهْ

وحيث ارتعاشُكِ يملي هفيفاً لعشبٍ خفيّ

على راحتيكِ أكاد أمسُّ انكسارَهْ

وصمتُكِ يُغْلِقُ أبوابَهُ لتُفْتَحَ نافذةٌ في الإشارةْ

سكونُكِ يمتص كلَّ المصابيح

لا تطفئيني فيعشوشب الليلُ فوق يقيني

فقولي إلى أن يفيضَ من الكلماتِ نبيذُ الحياةِ

وقولي لعلي أراني أما زلتُ أرْبِكُ فيك الطيور

أما أني تعلمتُ كيف بصوتٍ أنيقٍ أُلامسُ فيكِ الحريرْ.

بقينا سنيناً نغني هوانا بكلّ لغاتِ الزهورْ

وللزهر خاطرة لم يَسَعْها العبيرْ.

2018م

رحلة إلى القصيدة

فَتَحتُ نَوافِذي وهبطتُ فيًّا

فَنَيْتُ أَسـلُ مِـن عدمـي نَبِيّا

لعلَّ الـروحَ تُخلعُ مِن دِمائي

وتَلبـسُ مِـن دم الأشـياءِ زِيّا

لعلَّ الكونَ يُصبحُ لي مرايا

فأستوحي (أنـايَ) اليوسفيّا

سأنـزعُ منه ما قالتْ رُواةٌ

وألْـبِسُـه فـؤادي الشَّاعريّا

فإنْ كَتَبَ الوجودَ دمٌ سيُمسي

بـلا تـاريـخِهِ لـو غَـاصَ فيّا

فتحتُ نوافذي والريحُ مرَّتْ

خِـلالي والمـدى شُهُباً تَقيّا

مضيتُ أَشُقُّ في المجهولِ درباً

مُضِيَّ الجنِ أو أدهى مُضيّا

فـلاحَ الـبرقُ قُدّامـي كسيفٍ

يَفِيْضُ على الورى ماءً وضِيّا

أَرِقْـتُ وأيُّ كـأسٍ تَحْتَسِيني
كما احْتَسَتِ الدّياجِرُ مُقلتيّا

أَرِقْتُ كحاطبٍ... إذْ قال نجمٌ
بكدٍّ يَحمدُ الساري الثريّا

فكنتُ كنخلةٍ لو هُـزَّ جذعٌ
يُساقِط صبرُها «رُطباً جَنِيّا»

فبِتُّ أُكَوِّنُ اللاشـيءَ حتى
إذا مـا لـم أكـنْ شيئاً تَشَيّا

قَصَفتُ الحبَّ أوراقاً على ما
تَفَتَّحَ مِن جِـراحِ الكونِ فِيّا

دخلتُ الشِّعرَ من وادٍ لـوادٍ
وجئتُ كعادتي «شيئاً فَرِيّا»

دخلتُ... ولمْ يكنْ ظني بأني
سأُبعثُ مِن غيابِ الشِّعرِ «حيّا»

2017م

نسيان لم يكتمل

كم جملةٍ ضوئيةٍ قد بُدِّدَتْ

في ليلِ عينيكِ البعيدْ

عيناكِ يا لمجرةٍ مجهولةِ الأطفالِ

أبعد زرقةً من كلِّ أفق

في القصيدْ

عيناكِ نهر هادئ الإيقاعِ تَرْقُصُ

في مراياه النجومْ

قديستانِ تُصوِّبُ

الأنوارَ تَعْبُرُني فلا تلقى

سوى جرحٍ ينامُ على مراياه الوجودْ

تَنْهَلُّ ملءَ نوافذِ الكلماتِ أزمنةٌ

ويسرقني مكانٌ ما غيابيُّ الحدودْ

أغفو فيصحو ملء إغفائي

زمانٌ قد تعرى مثل خاطرةِ الورودْ

***

أمشي إليكِ

على التماعِ الحزنِ في الحرف الشفيفِ

إليكِ أمشي نرجسياً حين تحملكِ

المرايا الداهنات على الحروفْ

أمشي شتائيَّ الحنينِ إليكِ

بيتاً عارياً يستنشقُ الذكرى صدىً

من ألفِ صيفْ

أمشي إليكِ ولا أرى إلايَ

أمشي في أنايَ

فأقتفيكِ من الظلالِ

وتقتفي ظلي الحروفْ

***

ماضيكِ ليلُ مدينةٍ

غيبيّةِ الأسوارِ مُغْلَقةٍ سوى من خيطِ شاردةٍ

يُسافرُ مثل برقٍ يجرح الليلَ العتيقَ إذا أضاءْ

ماضيكِ صَوْتُ الماءِ

بين قصائدي، نعناعُ حُلْمٍ لا يُفَسّرُ بالهواءْ

ما زال دفءٌ ما يشي بكِ

يا مكاناً خلف ذاكرةِ الشتاءْ

ودمي يَحِنُّ إلى صليبٍ من حريرِكِ

كان يسمو بي فأدنو قابَ همسٍ للفناءْ

***

وبقيتُ صخراً لا يُسربُني الكلامْ

لا غيمةٌ تَشتَفُّ حُزني

ولستُ أستبكي الحمامْ

ولا يني الماضي يُشَعشِعُ في كؤوسِ الوقتِ

لكنْ كيف تَنْكَسِرُ المسافةُ بالمدامْ.

2016م

مرآةٌ إلهيةُ الظلالِ

(في اللغة العربية)

في صوتِكِ المجدُ غزَّ النخلَ والأَسَـــلا
وشـــقتِ الخيـــلُ في أسماعنا سُـبُلا

حملـتِ ظـلاً إلهيّـاً أيـا لغـة
تحكـي بمرآتهـا الآبـاد والأزلا

ما أبلغَ الشـــمسَ في عينيكِ تبصرُ في
دواخلـي الشــائكاتِ اليـأسَ والأملا

أفضْـتِ من سيرةِ المختـارِ غاديةً
على القلـوب فأحيتْ كلَّ مـا ذَبُـلا

يـا جرةً سكبت صوتَ الإلهِ سَـناً
يسـقي الرياحيـنَ في أعماقنا وشـلا

قـد سـطّرتْ غابـرَ الدنيا سـحائبُها
علـى الأغانـي فعاد الأمسُ مُشـتعلا

مـن طينهـا رَمَّمَ الشاديْ طفولتَهُ
أيامَـهُ الخضـرَ والأفـراحَ والطلـلا

جـاءتْ عليّـاً تُشـاكِي أنَّ فضتَها
قـد شـابها الطينُ حتـى ضوؤها أفلا

فبَــاتَ يَصْقلُ بالقرآنِ معدنَها
مثقفاً رُمحَ مَنْ يسْتَنْوقُ الجَمَــلا

عتيقةٌ تحمـلُ الإنسـانَ جِرتُها
أحزانَـهُ، سَـعيَهُ اليوميَّ، والمَلَــلا

مِن ألـف عامٍ وما زالتْ لشاعرِها
بِكْــراً وإنْ ألْثَمَتْ قـرّاءَهُ قُبَــلا

بكْــراً وإنْ راودتْ ليـلاً مُغَنِّيَها
وجاذبتْ قارئاً فُستانَها خَجَــلا

يـا نصـفَ عاريـةٍ لـلآن تغمزنـي
حروفُهـا ـ كلمـا راودتُها ـ بِبَلـى

كم سـافر الشـعرُ في عينيكِ مرتحلاً
حتـى الثمالـةِ لـم يَسْـتَنْفِدِ العَسَـلا

2021م

الحلاج

كان يَغرسُ أسئلةً

كان يَنْبُتُ من شكّهِ الضوءُ

يَغْتَسِلُ الكونُ في حُزنِهِ ودمائه

يغني فيهمي الغناءُ

طَهُوراً من الخمرِ والملح

والفُقَرا يحصدون سنابلَهم من دعائه

على حافةِ القلقِ اللولبيِّ

يُضيءُ الحياةَ فتُمْسِي

أقلَّ حياةً وخُضرَةْ

ككهفِ النّبيينَ يكتظُّ بالليل

دوماً فيُشرقُ منه الوجودُ

وتجري على ناظريْهِ المجرةْ

يَحِنُّ فيُمْسي زماناً كثيفاً

فيسلكه الغيبُ لا الظاعنونْ

يقولُ: على سُلَّمٍ من حديدِ الصليبِ

سأصعدُ حتى أكونْ

أكونُ فينطفئُ الخالدونْ

خطايَ قصيدةُ نثرٍ على هَذْي طيني تسيرُ

لتسمو عن الطينِ حتى السنا

فأدنو إلى اللهِ قابَ أنايَ

فأعبرها موطناً موطنا

لم أقلْ: يا حبيبُ

لكيلا يكونَ النِّدا برزخاً بيننا

ولا يا أنايَ لكيلا تكونَ المسافةُ

ما بيننا لاحدوديةً كالأنا

ولكنني إذ رأيتُني في النهرِ

عَرَّفْتُ ظلي

ولا يجرحُ الظلَّ إلا السنا..

م2018

متاهات

أُسائلُ يا خطى عمري ... أمـا لليـل مـن مينـاءْ

أمـا فـي الشـعر مئذنةٌ ... تطيـحُ متاهةَ الشـعراءْ

تُفَجّرُ غربتي خيـلٌ ... على أوراقيَ البيضاءْ

تُحَررُنـي عصافيرٌ ... وترسمني ذرىً زرقاءْ

أغـادر هارباً مني ... إلى المقهى بكلِّ مسـاءْ

فأضحكُ عابراً ضعفي ... تكفنُ حزنيَ الضوضاءْ

فتُومِـضُ بـي عناوينٌ ... وراءَ فُكاهـةٍ سـوداءْ

أما للشـعر مـن ضوءٍ ... يُفَسِّرُ هاجسَ الغرباءْ

يحيـل ضبابَنـا مطـراً ... لأنَّ جراحنـا بيضاءْ

أشـفُّ من النـدى حزناً ... وأبعـد من صفات الماءْ

2018م

73

قنطرة لجنّة الأرض

يستحمُّ الطيرُ دوماً   في شـواطي الشاعريَّة

والمغنـي قـابَ غيبٍ   يدنـو للـروح النبيَّـة

يُلْبِـسُ الدنيـا ثيابـاً   مـن حريـرِ الأبجديَّة

ويَمُـدُّ الشِّـعرَ جسـراً   لا حـدوداً لا هويَّـة

عاريـاً مـن كل لـونٍ   وثـقيـلاً بـالـبريَّـة

في الثـرى نحنُ انطفأنا   كـي تضـيءَ الآدميَّـة

لم نصغْ وجـهَ الأغاني   مـن ظـلالٍ نرجسيَّة

لـم نكـنْ إلا فَراشـاً   في سـياقِ الواقعيَّـة

نحـن أنقـى مـن مُـدامٍ   نحـن دمـعُ المجدليَّـة

2018م

شروقٌ متأخرٌ جداً

رؤانا هي السجنُ

لولا اتساعُ الرؤى لكانت خطانا

على الدرب أقوى وأكثرْ

رؤانا تضيء ويسرف مصباحُها

إذ تشعُّ إلى الجهة السابعةُ

تضيء الطريقَ، تفضُّ الإجابةَ غيباً فغيباً

وقد لا نمرْ

ففي العلم جهلٌ عميقٌ يصفد صاحبَهُ في رؤاه

ويلقي به في مهب الضجرْ

وفي الجهل علمٌ بريءٌ يقينا السهرْ

لا تقل: ربما... وانطلق.. لا تدوم الرياحُ..؛ فسِرْ.

2018م

الخروج من البئر

أسـيرُ.. أصـرخُ لا يَرتَـدُّ أيُّ صدى
علـيَّ أُسـهبُ خطواتـي بغيـرِ هدى

مُسترسـلاً فـيّ كالأنسـامِ إذ فضحتْ
وَشـمَ الدّيـارِ فأنـدتْ قلبـيَ الصّلِـدا

تقول لـي غيمـةٌ عـذراءُ تُشـبِهُني:
كأنَّ للحـبِ لونـاً لـم يَسَـعْهُ نـدى

غـداً أُخَيَّـةُ هـذي الأرضُ ترسـمُنا
حقلاً سـيُلبِسُ عُريَ الأرضِ ألفَ ردا

يُحِـنُ للضـوءِ نقشٌ فـيَّ قـد بَعُـدَا
كم بَـدَّدَ الشِّـعـرُ مصباحاً ومـا وجدا

كزهرةٍ من خيوطِ الصبح ما جُرِحَتْ
ليكشـفَ النـورُ فـي أحزانِهـا بلـدا

كغابـةٍ إذ تُثِيـرُ الشّـمسُ أسـئلةً
من الشُّعاعِ وتَمْضِي في الظلالِ سُدى

في الصمتِ إذ تبلغُ الأسـماءُ غربتَها
وليـس تبلـغُ فـي أسرارِه أمـدا

أمعنــتُ أرمي علــى النيــرانِ أحجيّةً

مـــن صندلِ العمرِ لكنْ سحرُها بردا

أنــا الــذي تطعنُ الآبــادَ غايتُـه

ويجعـل الليـلَ قرطاساً إذا سَـهِدا

لا بـرجَ يمحـو التباساً في شـوارده

لأنــه يطفــئُ الأبــراجَ إنْ شــردا

مــا ذوبــتْ جسـدَ الأشـياءِ دهشتُهُ

إلا لتخلـقَ مِـنْ أرواحـها جسـدا

كـم حرّكَ الكـونُ في إحساسـه وتراً

فصيّرَ الكونَ بالأوتـارِ رجعَ صدى

واسـتلهمَ البحـرُ مـن رؤيـاه زرقتَه

في لحظـةٍ تَسَعُ الآزالَ والأبدا

مثـل المرايا يُعَـرّي الكـونَ من دمِه

ولـونِ ماضيـه كيمـا يرسُـمَنَّ غـدا

يشـيد للريـح بابـاً في قصائـده:

هيا اكنسي في بلادي الوهمَ والرمدا

قـال المغنـي: أ للتاريـخ نافـذةٌ

غيـر الصليبِ إذا ما الطّيرُ فيّ شـدا؟

هـل للفراشـةِ دَورٌ فـوق مسـرحِه

كاللاشـعورِ وهل للمُشْـكَلاتِ صدى؟

أليـس للحـبّ ليلى غيـرَ مَنْ تَركتْ

صمـتَ المُغنيـنَ مثقوباً بمَـنْ فقدا..؟

أليـس للكـونِ ربٌّ غيـرَ مَنْ نحتتْ

لـه السـيوفُ علـى أحلامنا جسـدا؟

يحـنُّ للضـوءِ.. والتاريـخُ راويـةٌ
مـــا زال يَنْتَقِـدُ الأبطـــالَ والشُّــهدا

إن لــم تخن في مداه الشّــمسُ واقعَنا
لم تفتحِ الشّــمسُ فـي الموالِ أيَّ مدى

2018م

خذيني إلى خارجي

بـكـاؤكِ نـافـذةٌ لـلـبـعيدِ
وظــلٌّ لأيـامـكِ البـابـليةْ

وصمتُكِ بحرٌ بعيدُ المواني
أضـاعَ خـواطرَكِ الزورقيةْ

فلا تَحْجِبيني بمـاضٍ قديم
وكوني لعمري المُشظَّى نبيَّةْ

أضيئـي بزيتـونِ غمّازتيـكِ
إلـيَّ مـدائـنَ روحـي القصيَّةْ

وحـدّ اغترابي بحجم يديكِ
خذيني إلى خارجي يا صبيةْ

بتلويحةٍ من بـخـورٍ خفيفٍ
خذيني إلـى ليلةٍ قُرْمـزيـةْ

ومـدّي أنـامـلَ مـن غنـج
تُـحـركُ في آدمَ الآدمـيـةْ

فمنكِ اتساعُ الغناءِ إلى ما
يسيلُ قـوامُـكِ مـن شاذليةْ

وأنتِ التي لوّحتُ في حياتي
غـزالاً عصيّاً على البندقيةْ

تأرجحني بين بيدٍ وغابٍ
وبين انعكاساتها في الهُويةْ

فتـاةٌ تـمرُّ خـلال سُكوتي
مرورَ الصباحِ على المزهريةْ

فلا تفتحي داخلي للأغاني
ففي داخـلي قريةٌ غجريةْ

وفي داخلي يتعرّى الوجودُ
ويَغسلُ فيَّ دمـاءَ الضحية

لحدِّ الثمالةِ من وجع الأرضِ
نَـشـربُ قهوتنا الأبديةْ

ونحملُ جرحَ الوجودِ نشيداً
وتشطحُ في جرحِنا الأبجديةْ

على الأرضِ تفاحة الطامعينَ

تُقطرُنا دمـعةُ المجدليةْ

بدفء القدامى وريش الأساطير

نـجـدل أخْـبِـيَـةً بـابـليةْ

نُغَنّي فنُسْكِرُ كلَّ الوجودِ

وتسكرُنا النظرةُ النرجسيةْ

2018م

إلى آخري

من قاب أغنيةٍ دنوتُ لمن دنا

في اللامكان

فمدَّ لي خيطَ السنا

فاستنشقتْهُ قصيدتي

فتكشفتْ مدنٌ من الليلِ

الممددِ في الأنا

عرَّتْ قناديلُ الهوى

فيّ الهوى

فانثالَ أزمنةً هوايَ وموطنا

وغدوتَ في وادي الخيالِ

تَهيمُ بي

وخطايَ تكتبُ مستحيلاً ممكنا

ومضيتَ للمعنى

تَدُرُّ حليبَهَ من نخلةٍ

قد صورتْ أمجادنا

قد لُحْتَ أخشعَ من سجودِ سحابةٍ

غَسَلَتْ بوجه القمح

تاريخَ الونى

نشرتْ معانيكَ السحائبُ

ذوبتْ أعمارَكَ

الخضراءَ عمراً للدُنى

فرفعتَ صوتَ المنهكينَ

مآذناً

إذ سرتَ عن صمتِ الوجودِ مؤذنا

وعرجتَ للأسرار

تصرخ عاضباً:

لا تنحنوا؛ الأولمبُ بعضُ ظلالِنا

فغداً أعودُ من الصليب

إلى هنا

في الشمس، في الريح العتية، في الغِنا

نحن ارتباكُ الحقلِ

بعضُ يقيننا نَصَبَ الحياةَ

مآذناً لما انحنى

قبضت بك الأسماءُ

شعلةً ربِّها

فامتدَّ في أيامِنا منكَ السنا

فجر تُفسرُ للحياة ظلالَها

وتُعيدُ نورَ الله في أيامِنا

الشعرُ

أنْ ألقاكَ عند قصيدةٍ

فاضتْ عنِ المعنى وضاق بها المُنى

2017م

ماوراء الجسد

ورمُ لا يتنفَّسُ إلا شِعْراً

شِعْرٌ لا يتنفسُ إلا أوراماً سوداء

كالغابةِ يعبرني المعنى ريحاً وذكاءْ

أصغي كفراش لا يصغي

فأرى ينبوعاً لغوياً

يتفجّرُ من حجرِ الإصغاءْ

***

يا أعلى من شجرِ الأسماءْ

يا امرأة من لبنِ العصفورْ

يا امرأة ترسلني ماءً نوريّاً

يرسمُ أشجاراً تركتْها لائحةُ التكوينْ

وبقلب الأمِّ الضوئيِّ

تتحسّسُ خارطةَ المجهولْ

تتحسّسُ جرحاً غجريّاً

لم يجرحْ حكمتَهُ قنديلْ

تعطي ما أطفأه النسيانُ

بعمري أجراساً وطبولْ

وتُأْنِسِنُ ذئباً قرويّاً وتُمَدِّنُهُ

تَشْتمُّ وراء تذؤبهِ وجعَ الإنسانْ

***

للحب زهورٌ لا تتفتح

إلا غربَ الشّمسْ

كهربةٌ تكمنُ فيما خلف الحسْ

لا تخرج إلا عبر اللمسْ

معنى لم يَبْرُقْ في لفظٍ

بَرْقٌ لم تلفظْهُ الكلماتْ

ذائقةٌ تُبحِرُ حدَّ الكأس

ولكنْ لا تَصل الميناءْ

سكرٌ علمني

أنْ أمشي في أزهرِ دربٍ في بابلْ

أستنشقُ رائحةً الدنيا

وأراكِ كنافذةٍ عُليا

تتفتحُ في صمتِ الغرباءْ

صمتٌ لو يزفرُ - يا ويحي -

يستنشقُ آلافَ الأضواءْ

تتفجرُ بحّتُهُ

شجراً، صحراءً، نُوقاً زنجيةٌ.

2019م

من ذاكرة الريح

خرجوا من اللحن القديمِ.. وغادروا

من «نوتة» ضاقت عن الأوتارِ

نصبوا الصدورَ إلى الرصاص لأنها

ما عاد يثقبها سوى القيثارِ

يمشون ينحسر الظلام بخطوهم

فالصبح يخرجُ من خطى الأحرارِ

كغمامة تمحو بأخضرِ قولِها

ما خطَّهُ الرشاشُ من أوزارِ

شاهتْ وجوهُ الظالمين بصبيةٍ

ترميهمو بحجارةٍ من نارِ

شعبٌ من الأبنوس ينحتُ عزمَهُ

وحياتَهُ من سيرة المختارِ

نُشِروا على هذي الدروب كواكباً

غسلت بمقدمها خطى الفجّارِ

ما أطفأتهم

ظلمةُ الموتِ؛ فَتِيْ ذكراهمُو

تشذو من الأزهارِ

جئنا إلى الأرض الخراب سحابةً

لنقلّعَ الزقومَ بالأمطارِ

من نارِ إبراهيمَ جئنا شعلةً

تجلو دجى الأيامِ بالأشعارِ

***

الصمتُ في ظهرِ البلادِ رصاصةٌ

فاهتف لتخرج من ثياب العارِ

واقطعْ صراطَ الخوفِ

واعبر مُسقطاً

من رأسك العُزّى بجرفٍ هارِ

وانبشْ قبورَ الرعبِ فيك

لعلها تُهديك

ما قتّلتَ من أحرارِ

وانفضْ غُبارَ الأمسِ

عن كلماتِك الخجلى

ودُك ما فيك من أسوارِ

حكّ الرماديَّ الرتيبَ

وأَيْقِظِ الإنسانَ فيك بزأرة الثُّوّارِ

واخرجْ من النّردِ المُأطَّرِ

مُحدثاً في نصّك الحتميّ فجوةَ نارِ

صارعْ إلة المسرحيةِ

مُشْرِعاً للانهايةِ آخرَ الأستارِ

2021م

أغنيات مفخّخة

وطنٌ دعـاءُ الأمهـاتِ سراجُه

ويـدُ الشـهيدِ.. ودمعُـهُ معراجُـهُ

قـد كان يَفتـحُ للصبـاح فضـاءَهُ

وتُعِـدُّ بيتـاً للطيـور فجاجُـهُ

قـد كان قلـبُ الأم يقرأ رملَنـا

ويضيء خارطةَ الظنونِ سراجُهُ

كـم لـوَّنَ الأفـقَ الحزيـنَ حمامُهُ

وتكهنـتْ عـن حلمنـا أبراجُـهُ

كان الهوى يرعى على الآفاق.. كم

تاهـتْ ببعـضِ العاشـقين نعاجُهُ

في الأمــس قد نزل الربيــعُ بحيِّنا

وتوضــأت   بغنائنـا   أفواجُـهُ

بنسـائمٍ كنس الخرابَ وسـطّرتْ

أشـجارُه مـا قد روى ثجاجُهُ

واليـوم نـوحٌ جـاء فـوق غمامةٍ

ومحِتْ ملامـحَ أمسِـنا أمواجُهُ

(قدالُ)(*) ليـلُ الأغنيـاتِ مفخخٌ

لا نـارَ إلا فُجّرت أهزاجُـهُ

―――――――――――

(*) القدال شاعر عامية تغنى للثورة قبل حدوثها.

تحـت الرمـوزِ قنابـلٌ موقوتـةٌ
قـد قالها ومضـى وظلَّ سـراجُهُ

أنا بعضُ جمرتِهِ انفجرتُ بشارعٍ
لمـا تبـخْ عمّـا يَسِـرُّ فجاجُهُ

نمشي ونرنو والنوافذُ (هل) (متى)
والليـلُ أطـولُ مـا يكونُ سياجُهُ

نحـدو ولا نـدري إلى مـا ننتهي
فالشـعر يأبـى أن يشـفَّ زجاجُهُ

2021م

يوميات وطن

في لحظةٍ جدباءَ مدَّ سلالَهُ

وطنٌ يراوغ بالسرابِ عيالَهُ

أبواقُ شؤمٍ صَفَّرتْ في أرضه

نَفَختْ بأرواحِ الدجي أطفالَهُ

فنما الخرابُ على صدورهُمُ التي

في أمسِها غرس الهوى آمالَهُ

عركت طواحينُ القبيلة أهلَهُ

مذ حركت كفُّ الغباء ثفالَهُ:

الطفل يسقط من كراه يفر من

دبابة سكنت هناك خيالُهُ

جيفاً حكايتُهُ تفوحُ لأهلِهِ

مذ خضبوا بدمائهم موالَهُ

في ليله لغزٌ قديمٌ لا يني
يمتصُّ كلَّ نجومِهِ وهلالَهُ

بالبندقية ينحتُ الجنرالُ حكمتَهُ
ويرسمُ بالدماءِ مآلَهُ

وطن كئيبٌ مثل ضحكة مومسٍ
دفن الغريبُ بحضنها أثقالَهُ

وكشاعرٍ قد عاد من تفعيلة
لم يقتنص بالانزياح غزالَهُ

من عالم الواتساب
تأكل وقتَهُ الجذرانُ،
يبتلعُ الهباءُ عيالَهُ

يأتي إلى التلفاز ـ مسكِ ختامِهِ ـ
ويبيتُ يحشو بالقمامة بالَهُ

ويقول في الأخبار كذبةً مجده

ويعود يسكرُ بالذي قد قالَهُ

لا ينضب الماضي الذي في رأسه؛

مترنحاً وبَنُوْهُ يرشفُ آلَهُ

من أرض واقعهم إلى ما لم يكن

أخذت خيولُ غنائهِ أطفالَهُ

شيخٌ يبيع ربى الإلهِ بدرهمٍ

وبدرهمين جنوبَهُ وشمالَهُ

مقدارَ لحيته يرى الأنهارَ من عسلٍ

ومن لبنٍ تسيل حيالَهُ

سُرِقَ الهواء وصُودِرَ الغيمُ الذي

قد يرخي في الهواجر شالَهُ:

إذ يدفن الصحفي تحت مقاله

ألغامَه لو يعبرون مقاله

والشاعر المنفيُّ خلف ضبابه

لا شمس تهدي للوجود ظلالَهُ

وطن كأسرار الطبيعةِ لم يزل

تستف ظلمةُ ثقبِهِ أجيالَهُ

قد جفّتِ الصلواتُ تغسلُ وزرَهُ

ما جفّفَت سروالَه ونصالَهُ

2021م

شذاها على الجدران

شـرودُكَ ما يمتدُّ في الغيب أنجُما

يضيء هوى أمسى من الظن مُعتِما

شـرودُكَ مثل البرقِ يجـرحُ فجةً

على خصـرِ ليلٍ بـدرُهُ مـا تَكَلَّما

لكِ الخيلُ تهفو بي لمرمى خسارتي

وحزني تحاكيه الغماماتُ ما همى

وقفـتُ لأسـتجدي حِمَاكُـم لعلني

من السورِ أستوحي شذاكِ المحرما

وقفتُ كان الصمتُ يصرخ مُوْحِشاً
ومــا كنــتُ مــن قبـلٍ أكلـمُ أبكما

أعــري على حد الغنــاء مواجعي
وأنــزف مــوالاً فتشــربه الحمــى

هنــا كانــت الدنيــا وكانــت حبيبةٌ
يصلــي إذا مرت لها الورد مغرما

ويفتتــح العصفــور منها غنــاءه
وفــي طولهــا كان النخيــل متيما

٢٠١٧م

غايةُ السُّرى

لأنَّـك أَحْـلَامٌ يَضِيـقُ بِهَا السُّرى

أَجِـيْءُ جَنَاحـاً كَيْـفَ أَبْلُـغُ مَـا أَرَى

سَـمَوْتُ... وَكَأْسُ الْكَاشِـفَيْن مَعَارِجٌ

إِلى حَيْثُ لا ذَوْقٌ يَعِي طَعْمَ مَا اقْتَرَى

ومِـن مقلتـي فـاض الحنيـنُ لمقلـة

بها عُـرِفَ الرحمنُ والكـونُ أَبْصَرا

وَأَشْـرَعْتُ حَـدَّ الشِّـعْرِ نَافِذَةً عَسَى

تُلَاقِيْ بِهَا رُوْحِـيْ إِلى الضَّوْءِ مِعْبَرا

وَلَـمْ تَـزَلِ الأَشْـعَـارُ تَطْـوِي حِجَابَها
مَتَى يَحْمَدُ السَّارُونَ... يَا غَايَةَ السُّرَى؟

لِأَحْمَدَ يَظْمَا الشِّـعْـرُ؛ تَجْـرِي بُحُورُهُ
إِلَـى حَيْثُ تَسْتَسْـقِـي الْقَصَائِـدُ كَوْثَرا

رَبِيعـاً أَتَى لِلْأَرْضِ يَطْـوِي جِرَاحَهَا
وَيَبْسُـطُ أَثْـوَابَ الْحَيَـاةِ متى سَـرَى

مَحَـا الـدَّمَ عَـنْ مَوَّالِ كُلِّ قَبِيْلَـةٍ
بِهِ اخْضَرَّ صَوْتٌ كَانَ بِالْأَمْسِ أَحْمَرا

تَفِيْضُ بِقُرآنٍ عَلَيْنَا صِفَاتُهُ
لِتَغْسِلَ في صَلْصَالِنَا مَا تَكَدَّرا

تُرَوِّضُ في أَحَلَامِنَا كُلَّ مُهْرَةٍ
تُشَذِّبُ في أَهْوَائِنَا الشَّوْكَ والشَّرَى

تُثَقِّبُ نَايَاتُ السَّماءِ «بِوَجهِهِ»
فَتَسكُبُ مَوَّالاً عَلَى الأَرْضِ أَخْضَرا

خَرجْتَ إِلَى الدُّنْيَا، وَقَدْ كُنْتَ قَبْلَهَا
نَبِيّاً «وَلا مَاءً» ولا مَا تَكَوَّرا

أَقَمْتَ مَقَامَ الْعَيْنِ فِيْهَا فَأَصْبَحَتْ
وَفِيْهَا لِصَوتِ اللهِ قَـد كُنْتَ مِنْبَرا

وَشَـتْ بِـكَ آيَـاتٌ وَقَـد كُنْتَ أَبْلَجاً
وَلِلْبَدْرِ أَنْ يَرْوِي عَنِ الشَّمْسِ مَا يَرَى

وَقَـد مَاتَتِ النِّيْـرَانُ خَجْلَى مِنَ الْهُدَى
وَضَاقَتْ بِـهِ أَيَّامُ كِسْـرَى وَقَيْصَرا

نَزَلْتَ قَمِيصاً فَوْقَ كُلِّ بَصِيْرةٍ
وَرُقْيَـةَ نُـورٍ قَد تُلِيْـتَ عَلَـى الْبَرَى

عَلَـى عَبَـثِ الأَيَّـام شَـيَّدْتَ مَرْفَأً
وَمِئذَنَـةً فِي التِّيْـهِ أُنْبِـتَ لِلْـوَرَى

128

وَثَقَّفْـتَ بِالْقُـرْآنِ حَرْبَتَـك الَّتِي
«رَمَيْـتَ» بِهَا غُوْلَ الدُّجَى فَتَكَسَّـرا

بَيَانُـكَ ظِـلُّ الْغَيْـبِ عَرَّى رِيَاضَـهُ
وَطَـافَ بِنَا بَيْـنَ الْفَرَادِيْـسِ أَعْصُرا

يَجُـوْزُ بِنَـا أَرْضَ الْحَقَائِـقِ كُلَّهَا
مَجَـازُكَ يَا مَنْ نُمْسِـكُ البـدرَ إِنْ قَرَا

لِذِكْـرَاكَ أَنْسَـامٌ تَجُـرُّ ذُيُوْلَهَا
وَتَكْنُـسُ عَصْراً مَـا أَضَـلَّ وَأَغْبَرا

تُعِيْـدُ صَـدَى الْأَيَّـامِ فِيْنَـا ابْتِسَامَةً
غِيَابِيَّـةَ الْأَسْـرَارِ تَجْمَـعُ مَا ذَرَى

وَتَرْخِـي عَلَيْنَا الْفَجْرَ مَا اتَّسَـعَ الْمَدَى
وَمَا اتَّسَـعَتْ ذِكْرَاكَ فِـي دَهْرِنا قِرَى

فَقَـدْ جِئْـتَ للدُّنْيَـا تُكَفْكِـفُ دَمْعَهَـا
وَتُشْـهِرُ نَخْـلاً يَطْعَنُ الْجُـوْعَ وَالْعَرَا

عَلَيْـكَ صَـلَاةُ اللهِ ثُـمَّ سَـلَامُهُ
مَتَى حَـاكَ يُمْنَاكَ السَّـحَابُ فَأَسْـفَرَا

عَلَيْـكَ صَـلَاةُ اللهِ تُنْـدِي بِمَائِهَا
مِـنَ الْقَلْـبِ وَالْآمَـالِ مَـا كَانَ مُقْفِرا

الفهرس